EXTRAIT DE LA

GAZETTE HEBDOMADAIRE

DE MÉDECINE ET DE CHIRURGIE

BULLETIN DE L'ENSEIGNEMENT MÉDICAL

publié sous les auspices

DU MINISTÈRE DE L'INSTRUCTION PUBLIQUE

NOUVELLE NOTE

sur l'emploi de la

SOLUTION D'IODURE DE POTASSIUM

EN INJECTIONS DANS LES

FOYERS DE SUPPURATION

REBELLE OU GRAVE

EMPYÈME SECONDAIRE A UNE SCARLATINE ET COMPLIQUÉ
D'ALBUMINURIE. — KYSTE HYDATIQUE DU FOIE
SUPPURÉ ET COMPLIQUÉ DE PNEUMONIE.
— GUÉRISON DANS LES DEUX CAS

Par le Dr **J. BIENFAIT**

REIMS

P. DUBOIS, IMPRIMEUR-LIBRAIRE
Rue de l'Arbalète, 9.

1860

NOUVELLE NOTE

sur l'emploi de la

SOLUTION D'IODURE DE POTASSIUM

EN INJECTIONS DANS LES

FOYERS DE SUPPURATION

REBELLE OU GRAVE

EMPYÈME SECONDAIRE A UNE SCARLATINE ET COMPLIQUÉ
D'ALBUMINURIE. — KYSTE HYDATIQUE DU FOIE
SUPPURÉ ET COMPLIQUÉ DE PNEUMONIE.
— GUÉRISON DANS LES DEUX CAS.

Le 12 mai 1854, je terminais une note insérée dans la *Gazette hebdomadaire* en invitant mes confrères à essayer l'emploi d'une simple solution d'iodure de potassium en injections dans les foyers de suppuration rebelle ou grave. D'après la nature des faits qui avaient donné lieu à cette publication, je désignais surtout à l'expérimentation les cas pour lesquels le voisinage ou la coïncidence d'une autre maladie pouvait attacher quelques risques à l'emploi des injections iodées. Il faut croire que cet appel n'a guère rencontré que de l'indifférence, car, à part une tentative, heureuse d'ailleurs, de M. Boccas (*Gazette hebdomadaire*, 6 juillet 1855), la presse et les sociétés médicales n'ont reçu depuis lors aucune communication sur ce point. Encore convient-il de dire que ce fait de M. Boccas, relatif à un kyste de l'ovaire suivant lui, à une ascite suivant M. Boinet, son critique, ne rentre pas, en tout cas, dans la direction que j'avais assignée à des recherches ultérieures, et que je ne le relève ici que comme extension donnée à mon procédé d'injections.

Cependant je suis resté fidèle, quant à moi, à l'engagement de vérifier mes premiers résultats, et ce sont mes observations nouvelles que je viens soumettre à mes confrères. On jugera si j'avais bien entrevu la route dans laquelle il fallait s'engager, et si j'ai raison d'espérer que, tôt ou tard, l'injection d'iodure de potassium prendra rang dans la chirurgie usuelle. Sans doute elle n'y supplantera pas ses aînées, les injections chlorurées, iodées et autres ; mais la médication substitutive topique correspond à assez d'indications variées pour qu'elle y trouve, à côté des moyens les mieux éprouvés et dans un cercle d'applications déterminé, la place honorable à laquelle elle a droit, si je ne m'abuse.

OBSERVATION I. — *Pleurésie suppurée secondaire à une scarlatine et compliquée de néphrite albumineuse aiguë ; trois thoracenthèses ; empyème ; injections d'iodure de potassium ; guérison.* — Le 21 juin 1854, chez le nommé Lejay, jeune garçon de sept ans et demi, lymphatique, arrivé au dixième jour d'une desquamation scarlatineuse, je constate l'existence simultanée d'une néphrite albumineuse aiguë et d'une pleuropneumonie à gauche. En dix jours de traitement, les urines semblent débarrassées d'albumine et de cylindres fibrineux ; mais, d'autre part, l'épanchement s'accroît, et le côté malade offre bientôt une matité générale, l'absence entière de vibrations, un souffle et une voix amphoriques bien caractérisés, surtout à la partie interne de la fosse sous-épineuse. En même temps, la déviation du cœur à droite, l'irrégularité du pouls, la fièvre hectique avec affaiblissement progressif et l'impuissance d'une thérapeutique active se réunissent pour compléter les caractères d'un épanchement à la fois excessif et purulent, et poser avec toute la netteté possible l'indication de la thoracentèse.

Une première ponction est donc faite le 7 août, laquelle donne issue à 1,850 grammes de pus franchement phlegmoneux, et amène à sa suite une amélioration passagère ; mais, dès le 12, les symptômes généraux revenant par une gradation rapide à leur première intensité, une seconde ponction est pratiquée. 360 grammes de pus également phlegmoneux sont obtenus cette fois, et je pousse une injection d'iodure de potassium (*eau distillée tiède, 125 grammes ; iodure de potassium, 4 grammes)*, dont le tiers est laissé dans la plèvre, après l'y avoir maintenue et promenée en totalité pendant quelques minutes, de manière à en assurer le contact avec les différents points de la surface pyogénique.

A dater de cette époque, nonobstant l'introduction d'une ou deux bulles d'air, commence une période de vingt-sept jours pendant lesquels, l'état général subissant quelques variations étrangères à l'état local, celui-ci offre une remarquable stabilité. Le cœur bat à 4 centimètres au-dessous du mamelon gauche ; une sonorité relative et l'expansion vésiculaire, mélangée parfois de râles muqueux, occupent le haut du côté malade, en avant, jusqu'à un travers de doigt au-dessus du mamelon, en arrière dans les deux tiers supérieurs, et tout le reste offre une matité absolue, du souffle et de l'égophonie, *dont le niveau est sensiblement invariable, quelle que soit l'attitude donnée au sujet.*

Le 11 septembre, après une troisième ponction motivée seulement par l'état stationnaire, et qui fournit en tout 380 grammes de pus verdâtre, moins opaque que celui des autres évacuations, très-visqueux, légèrement odorant quoique sans fétidité, le foyer est lavé avec la solution iodurée, et 180 grammes de ce liquide y sont laissés. L'accès d'une notable quantité d'air n'a pu être prévenu. Par suite de la présence du fluide élastique dans la cavité, une modification digne de remarque se manifeste dans les signes physiques. — Ainsi, lorsque le malade est assis, l'hémithorax se divise en trois zones distinctes et à peu près égales, dont la supérieure offre une sonorité et une expansion presque normales ; la moyenne, un son tympanique et une résonnance amphorique bien accentués, et l'inférieure, une matité absolue avec souffle et égophonie. Lorsqu'au contraire le malade est en supination, le tiers supérieur conserve en avant la même sonorité et le murmure respiratoire, tandis que les deux tiers inférieurs offrent le son tympanique et la résonnance amphorique qui, dans la station assise, n'existaient que dans le tiers moyen. — Pendant trois jours, ce sont là les seuls effets de l'introduction de l'air; mais le 14, à midi, s'allume une fièvre ardente avec alternatives de chaleur sèche à la peau et de sueurs colliquatives, et suppression, pour la première fois complète, de l'appétit. Cet état se continuant les jours suivants, et la faiblesse faisant d'ailleurs d'effrayants progrès, le malade paraît devoir succomber bientôt, si les accidents ne sont conjurés par l'opération de l'empyème.

Celle-ci est donc faite le 18 septembre (1). Large de 4 centimètres à la peau, l'incision donne à la plèvre une ouverture de 3 centimètres, située dans la portion sous-axillaire du huitième espace intercostal, où les ponctions ont été pratiquées également. Lorsque le bistouri pénètre, rien n'indique la sortie de l'air, qui pourtant se présente le premier à la surface, le malade étant couché sur le côté sain. Bien plus, aucun écoulement de liquide ne peut être obtenu, quelle que soit la position donnée à l'enfant, et pour recueillir environ 150 grammes de pus clair, très-séreux, sans viscosité et sans odeur, il faut aller l'aspirer au fond des parties les plus déclives au moyen d'une sonde élastique plongée de presque toute sa longueur. Cela fait, le foyer est d'abord lavé à l'eau tiède, puis débarrassé de l'air qu'il contient par une copieuse injection d'iodure de potassium qui y est abandonnée.

Dans le courant de la journée, après une sueur abondante et une légère diurèse, le soulagement est tel que deux repas suffisent à peine au jeune malade, et le pouls tombe de 144 à 132.

Dès le lendemain de l'opération, les parties molles faisant soupape, et favorisées en cela par l'étroitesse de l'espace inter-

(1) En présence et avec l'aide de MM. Landouzy et Galliet, qui m'ont assisté déjà lors des ponctions.

-costal, s'opposent à la sortie du pus. Sans reproduire ici les détails de la lutte que j'entrepris alors contre ces obstacles, auxquels se joignit bientôt la tendance de la plaie cutanée à une cicatrisation précoce, qu'il me suffise de dire qu'après maintes tentatives pour établir une libre issue, je dus me résigner à vider et déterger, chaque matin, le foyer avec la seringue. Grâce à ces soins et à des injections d'iodure de potassium laissées trois fois par semaine dans la cavité, avant la fin de novembre, cette dernière ne pouvait admettre sans distension plus de 30 grammes de liquide, et, le 19 décembre, après avoir doublé depuis quelques jours la dose d'iodure de potassium, et maintenu en permanence une canule élastique bien supportée alors, je livrais à une prompte oblitération une fistule de 4 centimètres de profondeur, trop étroite pour admettre autre chose qu'un stylet délié.

Pendant quelques semaines, l'enfant parut complètement guéri; de 17,600 grammes qu'il pesait le 28 septembre, il était arrivé, en gagnant quelques centaines de grammes chaque semaine, à peser 23,000 grammes le 23 décembre; le retour des forces avait d'ailleurs été préparé dès le milieu d'octobre par des bains d'air et de soleil, et par un exercice sagement mesuré; aussi put-il se livrer avec ardeur aux jeux de son âge pendant les derniers jours de décembre et la première quinzaine de janvier. Mais, le 20 de ce dernier mois, éclatait une fièvre intermittente à accès irréguliers, et, le 9 février, deux jours après l'apparition d'une douleur très-vive dans l'épaule gauche, je constatais, tout-à-fait à la base, du souffle et de l'égophonie.

Malgré des vésicatoires volants, ce nouvel épanchement occupa bientôt les deux tiers du côté malade, et, le 26 février, un vésicatoire appliqué la veille sur l'ancienne plaie ayant déterminé autour de celle-ci un gonflement diffus, un simple coup de stylet boutonné sur la cicatrice amincie donne issue à du pus épais.

Le 27, agrandissement de la plaie et application d'une grosse canule élastique à demeure.

Le 28 , après l'expulsion de flocons pseudo-membraneux , 150 grammes de pus épais et strié de sang sont recueillis ; le foyer est lavé avec soin , et deux seringues à hydrocèle d'injection iodurée sont laissées dans la plaie. Pendant les mouvements qui suivent l'injection de la première seringue, une petite quantité de liquide est repoussée, et je remarque son extrême viscosité ; il ressemble à la partie la plus consistante d'un blanc d'œuf légèrement coloré.

Du 1er au 8 mars, des injections sont faites dans le foyer, qui semble diminuer très-rapidement de capacité, et ne fournit plus que très-peu de liquide d'apparence purement albumineuse. La longueur de la canule a été raccourcie chaque jour ; mais, le 8, un léger accès fébrile me donne l'éveil, et, en effet, une sonde moins volumineuse arrive, en forçant un peu, dans une sorte d'arrière-cavité peu spacieuse, de laquelle s'échappent quelques gouttes de pus. Eclairé par là sur le mécanisme de la récidive, j'ai soin par la suite de pousser chaque jour la sonde au fond même du foyer, et de ne la raccourcir, de temps à autre, de 2 ou 3 millimètres seulement, que lorsqu'une diminution réelle du trajet l'exige, et j'arrive de la sorte, le 22 mars, à obtenir une oblitération définitive cette fois.

Ajoutons que l'albuminurie s'est reproduite d'une manière passagère après chaque évacuation nouvelle du foyer ; que des douleurs de rhumatisme se sont montrées à deux reprises, une première fois en octobre, lors de la première tentative pour faire marcher le jeune malade ; une seconde fois en janvier, au début de ce que j'hésite à appeler récidive. Disons aussi que toujours on a donné une alimentation réparatrice dans la mesure des goûts et de l'appétit ; que nonobstant cette précaution salutaire, aidée longtemps par l'administration du fer et du quinquina, l'émaciation et la faiblesse ont été poussées à un degré inexprimable ; et, après avoir ainsi complété la physionomie générale de cette observation, nous allons en reprendre en sous-œuvre les traits principaux, pour en tirer les conséquences pratiques qu'elle comporte.

Lorsque la première ponction fut faite, un mois et demi après le début de la pleurésie, l'épanchement occupait la cavité pleurale tout entière, et le poumon, refoulé, avait complètement cessé de fonctionner. L'amélioration qui suivit cette opération devait être éphémère, et le fut en effet. Aussi, cinq jours après, les symptômes ayant repris toute leur intensité, la seconde ponction donnait issue à du pus dont les caractères, identiques à ceux du pus de la précédente évacuation, et la quantité relativement très-considérable, montraient assez que la maladie n'avait rien perdu encore de son activité. Mais une injection ayant été faite alors, les allures des phénomènes morbides se modifiaient aussitôt d'une manière remarquable. Pendant vingt-sept jours, l'état général était beaucoup moins grave ; le foyer purulent ne se développait pas au-delà du tiers moyen ; le poumon fonctionnait au tiers supérieur, où, protégé sans doute par des adhérences de nouvelle formation, il échappait aux variations de niveau du liquide placé au-dessous de lui, et quand, après ce laps de temps, j'arrivais à une troisième ponction, le pus n'excédait que de 20 grammes celui qui avait pu se produire dans le court intervalle des deux premières opérations. Ce liquide, en outre, par sa couleur et sa consistance, différait sensiblement de ce qu'il avait été jusque-là, et cette différence était due évidemment à son mélange en grande proportion avec de la sérosité très-chargée d'albumine.

Sept jours après cette troisième ponction, qui avait été aussi suivie d'injection, effrayé par les accidents dus à

l'introduction de l'air, et bien que le poumon conservât,
au milieu de ces accidents, la position qu'il avait recon-
quise, je me décidais à faire l'opération de l'empyème,
et, contre toute attente, je ne trouvais dans la cavité
qu'une faible collection de pus sans aucune qualité sep-
tique, et plus visiblement encore mêlé de sérosité, mais,
cette fois, d'une sérosité moins albumineuse.

Cette opération a pour but, en général, de donner au
pus une issue facile et constante. On veut par là éviter les
effets de la rétention de ce liquide, rétention d'autant plus
à redouter que, par suite du contact de l'air, la putridité
aurait envahi les parois du foyer et leurs produits. On
espère aussi, en ménageant le renouvellement de l'air,
mettre la cavité purulente dans des conditions assimilables
à celles des plaies exposées qui, chacun le sait, avec des
soins bien dirigés, donnent rarement prise à la fermentation. Telles sont au moins les raisons que M. Marotte a fait
valoir à propos d'une belle observation (*Revue méd.-chirurg.*,
septembre 1852) et dans un rapport lu à la Société médi-
cale des hôpitaux (*Archives*, février et avril 1854) ; telles
sont aussi celles qui me déterminèrent à inciser la paroi
thoracique. Mais, ainsi qu'on a pu le voir, toutes mes
espérances ne furent pas remplies quant aux conséquences
immédiates de l'opération. Par une anomalie que, dans
un travail de cette nature, je ne puis que signaler à l'attention des observateurs, les espaces intercostaux du côté
malade, au lieu de la dilatation qui est la règle en pareil
cas, offraient tous un très-notable rétrécissement, et cela
aussi bien avant qu'après l'expulsion du pus (1). C'est

____

(1) Ce rétrécissement était-il antérieur à la pleurésie purulente ou
s'était-il développé sous l'influence de celle-ci, et, dans cette dernière hy-

à cette disposition que je dus la légère mésaventure que j'éprouvai ; c'est par elle que, réduit à vider, laver et injecter le foyer chaque fois qu'il en était besoin, je me trouvai, en réalité, exactement dans les conditions où l'on se place lorsqu'à l'exemple de MM. Boinet, Sédillot et autres, on maintient béante l'ouverture d'une simple thoracentèse. Quoi qu'il en soit, les signes d'une réparation franche et continue se dessinèrent avant peu de la manière la plus irrécusable. Dix jours après, le malade commençait à reprendre du poids ; le vingtième jour, il se sentait assez fort pour essayer de marcher ; en même temps, le foyer diminuait rapidement de capacité ; si bien que deux mois et un jour après l'incision, trois mois et cinq jours après la première injection, nous touchions à une guérison définitive. Il est vrai que, par suite d'une simple imperfection de pansement, cette guérison fut retardée de trois mois encore ; mais, pour quiconque voudra y regarder de près, le traitement sera dégrevé d'une bonne partie de cette durée totale de huit mois que ce contre-temps est venu donner à la maladie. Il suffira de se rappeler, pour accepter cette manière de voir, que par l'ampliation irrégu-

pothèse, le fait a-t-il déjà été observé et signalé ? Je ne suis pas en mesure de répondre à ces diverses questions. Toutefois, je ne cacherai pas que je penche pour la seconde interprétation, et cela pour deux raisons : la première, c'est qu'il n'y avait chez mon jeune malade aucun antécédent qui expliquât ce rétrécissement ; la seconde, c'est qu'à l'heure qu'il est, à l'exception de celui sur lequel les manœuvres opératoires ont porté et qui est resté littéralement effacé, les espaces intercostaux du côté gauche, sous l'influence du développement qui a été remarquable depuis lors, sont devenus presque égaux à ceux du côté droit. Il semblerait donc que, si la pleurésie amène le plus souvent le relâchement des muscles intercostaux, elle peut en déterminer aussi la contracture. C'est là un sujet à étudier et qui, dans tous les cas, comme on le voit, n'est pas indifférent au point de vue pratique.

lière du poumon, une sorte de diaphragme était arrivée à séparer la cavité morbide en deux parties, et qu'une fois cette disposition reconnue, les précautions indiquées par elle ont assuré en quatorze jours l'oblitération parfaite, ce qui réduit de bon compte la durée intrinsèque de la cure à moins de quatre mois.

Soit qu'on admette ce calcul au surplus, soit qu'on le repousse, ce fait, par ses dé ails aussi bien que par sa comparaison avec les autres cas d'empyème consignés dans les annales de l'art, n'en conserve pas moins une grande portée.

Et d'abord l'action de l'injection iodurée s'y manifeste comme antiseptique, puisqu'à aucune époque la suppuration n'a été fétide, malgré le contact de l'air en quantité variable, tantôt à l'état confiné, tantôt à l'état renouvelé, contact presque permanent depuis la première injection jusqu'à l'entière guérison. En second lieu, les modifications progressives des qualités du pus à la suite de chacune des deux premières injections permettent déjà de supposer une modification correspondante des parois de la cavité, et d'en faire honneur aux propriétés substitutives de la solution iodurée. Mais, en se rappelant, en outre, le retrait de la poche morbide définitivement acquis après la première injection et les adhérences qui, en fixant plus tard le tissu pulmonaire lui-même au voisinage de l'ouverture pleurale, m'ont fait croire prématurément à la guérison; en rapprochant aussi de ces particularités la transformation instantanée du liquide injecté le 28 février 1855 en une forte dissolution d'albumine, cette action substitutive et le sens dans lequel elle se produit deviennent clairs comme le jour. Tout cela prouve assez, en effet, que le type inflammatoire a rétrocédé graduellement de la forme suppurative vers la forme plastique. Quant à la part que l'injection a prise à cette évolution, elle est au-dessus de toute controverse et trouve un surcroît de preuves dans l'évidence avec laquelle le même résultat a suivi déjà l'emploi de la même injection. (Bienfait, *Gazette hebdomadaire*, *loc. cit.*, observ. I.)

Cependant, je le répète, c'est aussi dans sa comparaison avec les autres cas de guérison d'empyème que cette observation puise son intérêt. Dans le but de justifier cette proposition, j'ai eu tout d'abord l'idée de donner en regard les résultats fournis dans le traitement de cette grave maladie par d'autres procédés thérapeutiques. Un travail de ce genre pourrait, à coup sûr, offrir beaucoup d'intérêt ; mais un classement des faits connus en était le préliminaire indispensable. Or, quiconque a pris connaissance, comme je l'ai fait, des publications qui ont eu lieu sur la matière, comprendra que je recule devant ce labeur, et que je préfère renvoyer le lecteur à l'impression qu'il aura pu se faire de l'ensemble de la question. On peut dire, en effet, que, même après l'excellent travail de M. Marotte (*Archives*, *loc. cit.*), tout ce qui touche à l'intervention chirurgicale dans les épanchements purulents de la plèvre est resté livré au chaos. Cette confusion tient sans doute à la nature même du sujet, et il est difficile, à vrai dire, que, dans des affections et des traitements d'aussi longue durée, la diversité la plus opposée à toute systématisation ne se produise pas en quelque sorte fatalement. Toujours est-il que, parmi les observations, assez nombreuses aujourd'hui, de pleurésie suppurée menée à bonne fin par l'emploi différemment combiné de la thoracentèse proprement dite, de l'empyème et des injections irritantes, il ne s'en trouve pas deux peut-être qui puissent être rapprochées en série. Force est donc de nous en tenir à une appréciation sommaire.

Or, du mouvement qui s'est fait, dans ces dernières années, touchant la thérapeutique de l'empyème, ce qui ressort le mieux, c'est, après la nécessité d'évacuer le pus par des procédés variés, sur la valeur relative desquels tout le monde n'est pas encore parfaitement fixé, l'utilité des injections irritantes, et en première ligne, jusqu'ici, des injections iodées. Si donc on se rappelle que ces injections amènent fréquemment une douleur très-vive ; qu'elles déterminent souvent l'ensemble des symptômes auxquels on a donné le nom d'iodisme ; que si, sous leur influence, le traitement n'a été parfois que de quelques jours (Aran, *Union méd.*, 20 août 1853), il s'est prolongé aussi jusqu'à un an et quinze mois, à telles enseignes qu'elles ont dû être abandonnées et remplacées par des injections chlorurées ou aromatiques longtemps avant la guérison (Trousseau, Legroux, *Arch.*, décembre 1854) ; on conviendra facilement, j'imagine, qu'il n'y a pas à se prévaloir de leurs droits acquis pour exclure l'injection iodurée des moyens à opposer à l'empyème. Celle-ci, en effet, sans offrir aucun des inconvénients qu'entraîne la teinture d'iode, a pu être employée avec suite et persévérance, et la guérison, quelle que soit l'échéance qu'on lui assigne, s'est fait attendre beaucoup moins longtemps que dans bon nombre de cas empruntés à la pratique de médecins de premier ordre. Mais ce n'est pas tout, et il est temps de faire remarquer que toutes les observations de guérison publiées ont trait à des empyèmes simples et primitifs. Notre malade, au contraire, était loin de se trouver dans des conditions aussi favorables. Et ce serait en vérité laisser dans l'ombre un des aspects les plus instructifs de son histoire, que de ne pas faire sentir quelle gravité y ajoutait au pronostic le caractère à la fois secondaire et compliqué de l'affection. En dépouillant les matériaux à ma disposition, je n'ai trouvé à relever que quatre cas d'empyème secondaire ou compliqué. Un premier appartient à M. Trousseau : c'est celui d'une jeune femme accouchée depuis huit jours, chez laquelle l'empyème se montrait comme une des localisations d'une diathèse purulente. Le deuxième est aussi de M. Trousseau, et concerne un enfant de huit ans, chez lequel, comme chez Lejay, il y avait complication d'albuminurie scarlatineuse. Les deux autres ont été observés par M. Aran, à qui j'emprunte la mention des deux précédents. L'un nous offre encore une complication de néphrite albumineuse ; l'autre, enfin, a rapport à une femme chez qui la maladie, consécutive à une fièvre typhoïde, se compliqua de péritonite pendant l'emploi des injections iodées (Aran, *Union méd.*, 16, 18 et 20 août 1853). Ces quatre cas se sont tous terminés par la mort, et celui que je rapporte paraît, en définitive, le seul où un empyème ait été guéri au milieu de conjonctures aussi périlleuses. En conséquence, comme le traitement, après tout, n'y a différé essentiellement de celui qui a été appliqué aux autres faits de même espèce, connus ou inconnus, que par l'intervention de l'injection iodurée, il est assez plausible peut-être d'admettre que celle-ci n'a pas été tout-à-fait étrangère au résultat.

Ainsi, en fin de compte, l'injection iodurée a agi comme antiseptique et substitutive, et son apparition dans le traitement de l'empyème y ouvre un chapitre de guérisons encore sans exemple. Nous allons maintenant la voir à l'œuvre dans une observation qui n'a de commun avec celle qu'on vient de lire que la gravité exceptionnelle d'une vaste suppuration interne, par suite d'une complication phlegmasique, et, cette fois aussi, nous aurons un succès à enregistrer.

OBSERVATION II. — *Kyste hydatique du foie, ponction capillaire évacuatrice, suppuration et complication de pneumonie, ponction avec le trocart ordinaire, injections iodurées ; guérison.* — Le 5 novembre 1858, le nommé Rasselet, âgé de trente-six ans, ouvrier mécanicien au chemin de fer des Ardennes, fait une chute sur les pieds, devient très-pâle sur le moment, et ressent, le lendemain, un violent point de côté à droite. C'est seulement après trois semaines d'un traitement énergique (sangsues et une douzaine de vésicatoires), dirigé avec succès, d'ailleurs, contre la douleur, que l'on s'aperçoit d'un notable développement de l'hypocondre droit. Différents moyens résolutifs sont opposés alors avec persévérance à ce que l'on regarde comme un engorgement général du foie ; mais le malade, n'en recueillant aucun fruit, se décide à me consulter le 15 mars 1859.

Depuis la fin de décembre 1858 sont revenues des douleurs à peu près constantes et parfois d'une vivacité extrême. Dans la station, la région lombaire est le siége d'une pesanteur intolérable avec anxiété profonde ; dans le décubitus horizontal, la douleur remonte de l'hypocondre à l'épaule droite, en déterminant une agitation incompatible avec le sommeil, et le malade, depuis février, ne trouve un peu d'allégement qu'en se tenant accroupi ou à *quatre pattes.* Aussi passe-t-il sans cesse d'une de ces positions à l'autre, en proie à une mobilité des plus fatigantes, même pour le spectateur. Bien qu'il n'y ait de fièvre que par intervalles, et que les fonctions digestives soient à peu près normales, cette longúe privation de repos a amené un amaigrissement et un état nerveux dont il est facile de se faire une idée.

L'hypocondre droit et la partie inférieure de l'hémithorax correspondant offrent le développement déjà constaté précédemment, et je trouve de plus, à la face antérieure du foie, au-dessous des cartilages costaux, une saillie en segment de sphère à surface lisse et régulière, indolente, rénitente, sans fluctuation, sans autre altération de la peau qu'un cautère superficiel que le malade désespéré s'est appliqué de son chef quelques jours auparavant.

Je reconnus sans hésiter une volumineuse hydatide du foie, probablement solitaire, vu l'absence de frémissement caractéristique. Toutefois, comme les confrères distingués qui avaient vu le sujet avant moi en avaient jugé autrement, je crus devoir revenir plusieurs fois sur mon examen, et je me bornai, pour le moment, à calmer tant bien que mal les symptômes douloureux par les bains et les narcotiques, en attendant une intervention plus décisive.

Le 14 avril, affermi dans mon diagnostic et dans le plan qui en découle par l'approbation des docteurs Landouzy et Strappart, et pressé d'agir en outre par l'apparition de signes de congestion pulmonaire active toux, dyspnée, râles sous-crépitants serrés à la base du poumon droit refoulé par la tumeur hépatique), je plonge un trocart capillaire au centre du cautère. La canule livre passage à 2065 grammes de liquide ténu, à peine opalescent, dont les quatre premiers cinquièmes sortent en jet spontané, et dont les deux dernières cuillerées, recueillies à part, se distinguent de tout le reste par leur couleur citrine, leur consistance fortement albumineuse et la prompte séparation d'un volumineux caillot de fibrine pure.

La conséquence immédiate de cette déplétion est un sentiment de calme et de bien-être qui n'est troublé jusqu'au lendemain matin que par une sensibilité passagère de l'hypogastre à la pression. Je note aussi, pendant toute cette journée, une grande faiblesse de l'impulsion cardiaque et vasculaire (100); mais il n'y a ni fièvre ni nausées, et le malade prend avec plaisir du vin sucré, du bouillon et un potage, qui passent très-bien. (Potion diacodée.)

Toutefois, ce calme n'est pas de longue durée, car, dès l'après-midi du 15, Rasselet se plaint vivement d'une douleur qui rayonne du cautère vers la région lombaire droite.

Le 16 au soir, survient un frisson avec état nauséeux, et les jours suivants, l'inflammation du kyste se traduit par de la fièvre, qui redouble le soir, de la jactitation, de l'inappétence, des vomissements bilieux, de la dyspnée et la réapparition rapide de la saillie de l'hypocondre, avec rénitence et douleur. Nul doute pour moi que la cavité morbide ne soit dès lors en pleine suppuration, et je l'annonce aux confrères rappelés pour assister à une nouvelle opération.

Le 21, une ponction avec le trocart à hydrocèle fournit, en effet, 1700 grammes de pus mélangé de bile en forte proportion. La canule est fixée à demeure et le kyste lavé à l'eau tiède quelques heures après 1). (Calomel et opium.)

Le 22, première injection d'iodure de potassium, qui est laissée en partie dans la poche purulente, et ne détermine ni douleur ni effets physiologiques appréciables.

Le 23 au matin, dans un effort de toux, le malade expulse la canule. Celle-ci est sans difficulté remplacée par une sonde élastique, qui pénètre d'environ 2 décimètres.

---

(1) Pour cette observation comme pour la précédente, j'ai dû laisser de côté plus d'un détail intéressant, mais étranger au but que je me propose aujourd'hui. Cependant, je ne puis résister au désir d'ajouter quelques mots sur le procédé opératoire que j'ai suivi. Sur l'insistance de l'un des confrères dont j'avais invoqué l'avis, j'avais eu l'intention de déterminer des adhérences péritonéales, et, avant la première ponction, trois applications de potasse caustique avaient été superposées l'une à l'autre au-dessous de l'eschare superficielle pratiquée par le malade lui-même. Je croyais donc agir dans les conditions que M. Moissenet a posées comme règles dans le mémoire cité plus loin. Il n'en était rien pourtant, car j'ai depuis, lors de la chute de l'eschare totale, acquis la certitude que les cautérisations n'avaient pas dépassé les couches musculo-aponévrotiques. Cette conviction s'était déjà établie, d'ailleurs, dans mon esprit par le glissement manifeste de la paroi abdominale sur la face convexe du foie qui se retirait à mesure que la poche se vidait, glissement en vertu duquel la canule se coucha obliquement en bas et en dedans, de sorte qu'une partie de son étendue se sentait, avec quelque attention, entre la paroi du ventre et la surface hépatique. Il résulte de là que, nonobstant les cautères préalables, ce fait milite à la fois en faveur de la ponction capillaire évacuatrice d'emblée que préconise M. Moissenet et en faveur du procédé de M. Jobert, contre lequel M. Moissenet professe une défiance peut-être imméritée.

Après l'évacuation du 24, la douleur et la jactitation ont disparu ; mais la fièvre, l'inappétence, la dyspnée ont persisté, et la toux, — qui n'a jamais cessé depuis les accidents notés lors de la première ponction, — la toux, dis-je, est devenue plus fréquente et plus impérieuse, au moins en tant que besoin, car le malade, auquel j'ai recommandé la plus grande immobilité possible, la comprime de son mieux, dans la crainte aussi de souffrir de sa canule. J'ai différé cependant l'examen de la poitrine, pour ne pas troubler par des mouvements la formation d'adhérences tutélaires. Mais aussitôt la canule élastique mise en place, je constate que tout le tiers inférieur du poumon droit est occupé par du souffle pneumonique, et le malade expectore à son aise des crachats rouillés. (Vésicatoire, potion stibiée opiacée).

Dès le 25, le souffle bronchique ayant fait place à des râles muqueux disséminés, je puis supprimer la potion stibiée, qui n'est tolérée qu'imparfaitement. Mais la toux persiste, et sous son influence, combinée à celle de la sécrétion abondante de pus toujours mêlé de bile, la faiblesse et la maigreur font encore des progrès ; des sueurs et du délire nocturnes se déclarent, et, nonobstant le retour d'un appétit assez soutenu et l'usage de l'iodure de fer à partir du 27, le malade reste pendant toute une semaine dans un état très-alarmant.

Cependant les injections sont continuées tous les deux jours. Deux fois même (1er et 2 mai) j'ajoute un peu de teinture d'iode à la solution iodurée (eau distillée, 50 grammes ; iodure de potassium et teinture alcoolique d'iode ana, 5 grammes), mais elles déterminent alors un tel état de malaise et une saveur si insupportable à la bouche, que je dois y renoncer tout de suite et revenir aux injections purement iodurées.

Le 5 mai. Depuis quelques jours, le lavage ramène de petits lambeaux de la poche kystique ; ce jour-là, j'en extrais un de près d'un décimètre de longueur, sur une largeur inégale de 2 à 4 centimètres.

Les 6, 7, 8 et 9 mai, de nouveaux lavages fournissent chaque fois l'expulsion de nouveaux détritus, de formes et de dimensions variées, et à mesure que cette élimination se fait , l'état du malade offre une amélioration rapide. L'appétit devient excellent, les digestions régulières, les forces reviennent assez vite pour que le malade fasse dès lors quelques promenades et y contracte même des douleurs de rhumatisme (du 10 au 13), sans compromettre sensiblement son acheminement vers la guérison.

La convalescence ne tarde pas, en effet, à se dessiner nettement.

Du 12 mai au 19, le malade , dont la poitrine est revenue à l'état normal, gagne 3 kilogrammes en poids (de 105 livres à 111). Dans le même laps de temps, le kyste , qui admettait encore 1/5ᵉ de litre le 12 , diminue au point de ne plus admettre sans distension une injection de 1/10ᵉ de litre le 19, et finit, le 26, par n'offrir qu'un trajet fistuleux , profond , mais de capacité insignifiante , dont l'oblitération complète et définitive est obtenue à la fin de juin.

Malgré de nombreuses explorations, je n'ai pu constater le frémissement hydatique , et à l'examen microscopique , je n'ai pas trouvé trace de crochets d'échinocoques. Deux éléments d'une grande importance manquent donc pour confirmer le diagnostic ; mais leur absence prouve tout au plus qu'une vaste hydatide solitaire peut exister sans qu'ils se produisent, et la nature de la maladie me semble établie clairement :

Par les qualités physiques et chimiques du liquide primitif évacué avant les deux dernières cuillerées : traité par l'acide nitrique et la chaleur , il ne donnait qu'un trouble imperceptible bien différent du magma compacte que j'ai vu se former dans le contenu d'un kyste séreux du foie , dans lequel j'ai fait tout récemment une première ponction ;

Par la constitution des débris de kyste éliminés , lesquels consistaient en une membrane grisâtre , opaque , molle , assez facile à déchirer , anhiste à l'œil nu et au microscope , doublée sur presque tous les lambeaux d'une autre membrane d'une extrême ténuité , également anhiste ;

Enfin , par la marche de la maladie , qui , aussi bien avant qu'après l'opération , reproduit le tableau classique et fidèle des symptômes propres aux tumeurs hydatifères.

Pendant le mois qui s'est passé entre le jour où je vis le malade pour la première fois et celui où je fis la ponction capillaire , la tumeur n'a pas sensiblement augmenté de volume , et j'ai tout lieu de croire , ce qui , du reste , est conforme au dire du malade et des confrères qui m'avaient précédé , qu'il en avait été de même pendant les trois mois et demi qui s'écoulèrent depuis que le développement de l'hypocondre fut remarqué , jusqu'à ce que Rasselet vînt se confier à mes soins. Il est, en conséquence, certain que la collection a existé d'abord à l'état latent durant un laps de temps impossible à déterminer , mais probablement fort long, et que la chute faite sur les pieds, par l'ébranlement qu'elle a causé, a été l'occasion d'une inflammation du kyste. Cette inflammation, combattue par un traitement révulsif énergique, a pu être, non pas réprimée , mais contenue dans les limites d'une phlegmasie à produits plastiques, ainsi que l'attestèrent les dernières portions du liquide extrait lors de la première évacuation.

C'est dans ces circonstances , et en même temps que débutait une congestion pulmonaire bientôt suivie d'hépatisation, que je me décidai à opérer. Comme il arrive le plus souvent , et comme il devait arriver ici plus que jamais, la suppuration ne tarda pas à s'emparer du kyste, et s'accompagna de symptômes généraux dont la gravité n'échappera à personne, surtout en présence de la complication voisine. La situation, assurément, était pressante, et il était fort à redouter que le malheureux patient, épuisé par de longues souffrances, ne pût lutter contre les lenteurs de cette suppuration. Si la fermentation putride venait par surcroît sévir au sein de la spacieuse cavité, sa perte s'ensuivait inévitablement. Il fallait donc. à tout prix, modérer l'inflammation suppurative, amener au plus tôt l'élimination du kyste, dont la présence menaçait d'entretenir cette dernière indéfiniment, et enfin prendre des garanties contre la septicité si fréquente et si funeste dans les cas de ce genre.

Tous ces résultats ont été obtenus. La complication a cédé au traitement de la pneumonie simple avec une promptitude qui est loin d'être la règle en pareille occurrence ; dix-huit jours ont suffi pour la complète exfoliation de la membrane hydatique, et aussitôt après, la convalescence s'est franchement prononcée.

Quelle part les injections iodurées, qui ont été faites depuis le lendemain de la seconde ponction, ont-elles à revendiquer dans cette cure ?

M. Moissenet a examiné naguère les principales questions afférentes au traitement des kystes hydatiques du foie, entre autres celle de l'utilité des injections (*Arch. gén. de méd.*, février, mars, avril et juillet 1859. *De la ponction avec le trois-quarts capillaire, appliquée au traitement des kystes hydatiques du foie).* Dans son consciencieux mémoire, après avoir rappelé que plus d'une fois ces kystes, même suppurés, ont guéri sans le secours d'injections d'aucune sorte, cet auteur refuse à celles-ci toute action curative. Il ne leur accorde d'autre efficacité que celle qu'elles doivent à leurs propriétés antiseptiques, et exprime formellement cette opinion au sujet des injections de teinture d'iode et de bile, qui sont les plus accréditées aujourd'hui.

Appuyées sur l'analyse des faits reproduits par M. Moissenet et sur des considérations d'histoire naturelle et d'anatomie pathologique empruntées à M. Cruveilhier, ces conclusions sont empreintes d'une sage sévérité, et je m'y associe pleinement. Toutefois, je ne puis les appliquer dans toute leur rigueur au fait actuel, car la critique qu'elles résument n'a porté que sur des observations où le kyste était la seule maladie, tandis que chez Rasselet, le pronostic avait à compter avec la complication qui occupait le parenchyme pulmonaire.

C'est effectivement la marche de cette complication qui me donne à croire que l'injection iodurée n'a pas été ici tout-à-fait aussi inutile qu'on a pu le dire des injections en général, à propos de kystes non compliqués.

Qu'on le remarque bien, la pneumonie n'a succédé à la simple hypérémie qu'alors que la ponction capillaire avait fait cesser toute compression du poumon. Elle n'était, en conséquence, qu'une irradiation de la phlegmasie suppurative, qui s'empara de la cavité morbide après cette même ponction. A ce titre, elle devait se montrer à la fois très-rebelle à son traitement ordinaire, tant que subsisterait la lésion qui la dominait, et, par contre, très-apte à subir le contre coup des influences qui viendraient modifier cette dernière. Aussi, en voyant l'hépatisation prendre fin si vite, avant que l'élimination du kyste eût commencé, c'est-à-dire à un moment où, abandonnée à elle-même, l'inflammation intra-hépatique en eût été encore à sa période ascensionnelle, j'ai peine, je l'avoue, à ne pas chercher l'intervention d'une cause nouvelle.

Or, dira-t-on que c'est la seconde ponction qui a amené

la détente si décisive en vertu de laquelle la pneumonie a pu se résoudre plus vite même que ne l'aurait fait une pneumonie idiopathique? La disproportion si grande entre la capacité purulente et l'orifice de la canule repousse cette interprétation. Je ne débouchais la sonde que deux fois par jour, et en admettant que cela eût pu conduire lentement à la guérison d'un kyste simple, il répugne qu'une issue aussi parcimonieuse donnée à la suppuration ait anéanti, en si peu de temps, le rayonnement pathogénique d'où procédait la phlegmasie pulmonaire. Je trouve, au contraire, très-naturel de supposer que l'injection, par son action substitutive spéciale, a concentré toute l'impulsion inflammatoire sur les parois avec lesquelles elle se trouve en contact, et que, soustraite dès lors à sa cause, la complication a été placée dans les conditions de curabilité facile dont on a vu les effets.

Si donc on considère avec cela que les injections faiblement iodées, employées pendant deux jours, ont dû être abandonnées de suite, et que la présence de la bile dans le foyer, dès le début de la suppuration, n'a pas empêché la pneumonie de naître et de se développer, l'enseignement à tirer de ce fait se dégage avec une certaine netteté. Il me semble au moins que la solution iodurée mérite mieux que d'être rejetée parmi les *caput mortuum* de la thérapeutique des kystes hydatiques du foie, et, jusqu'à plus ample informé, dans des circonstances semblables à celles contre lesquelles j'ai eu à lutter, on fera bien de lui donner la préférence sur toute autre espèce d'injections.

— En les réunissant à celles qui servaient de base à la note rappelée au commencement, ces deux observations forment un faisceau de quatre faits qui, sans avoir entre eux aucune connexité nosologique, appartiennent pourtant à une même catégorie clinique bien tranchée. Chez tous les quatre, nous trouvons les caractères de ces suppurations redoutables par leur siége, par l'étendue de leur foyer, par l'étroitesse relative des ouvertures possibles, etc., contre lesquelles on a senti, de tout temps, la nécessité de venir en aide à la nature au moyen de topiques plus ou moins heureusement appropriés. Tous les quatre, surtout, se distinguent par la coexistence, à côté d'affections déjà si menaçantes à elles seules, de complications dont il est inutile de faire ressortir encore la signification pronostique.

On ne peut méconnaître le rôle important que la solution iodurée a rempli dans ces différents cas. Cependant il ne faut pas, pour cela, s'imaginer que cette solution puisse désormais être appliquée toutes les fois que les injections irritantes sont indiquées. L'expérience, au contraire, m'a démontré qu'on s'exposerait à des mécomptes assurés, malgré le succès de M. Boccas, si, à l'exemple de ce confrère honorable, on voulait étendre au-delà de certaines limites les recherches ultérieures que j'invoque itérativement. Les faits précédents ne sont pas les seuls, en effet, où j'aie usé de l'injection d'iodure de potassium. J'y ai eu recours dans deux hygromas suppurés du genou, dans des abcès froids, ganglionnaires et autres, dans des otorrhées chroniques ; je viens de m'en servir encore avec succès contre un écoulement consécutif à une otite externe pseudo-membraneuse, et, dans ces diverses circonstances, elle m'a paru un excellent et commode détersif, sans que je puisse, toutefois, lui assigner un avantage absolu sur aucun des autres moyens du même ordre. Mais, dans les collections séreuses, c'est tout autre chose ; leur infidélité est flagrante , et je m'empresse de la dénoncer , car , sur trois cas d'hydrocèle , un seul a guéri , en offrant , d'ailleurs , tous les phénomènes habituels à la suite des injections curatives , et dans un très-volumineux kyste de l'ovaire , deux injections ayant été sans aucun résultat , la poche est devenue bientôt multiloculaire , et j'ai dû me restreindre à un traitement palliatif jusqu'à la mort de la malade. Bref ; toutes ces dernières observations m'ont convaincu qu'autant l'injection iodurée mérite d'être mise en première ligne dans les cas où, comme dans ceux que j'ai relatés en détail , il faut agir à la fois modérément et sûrement , sans risque d'une réaction capable de fomenter des complications actuelles ou imminentes, autant elle doit céder la place , dans des circonstances opposées , aux autres injections , notamment à celle de teinture d'iode , que recommandent tant de succès. Entre ces deux extrêmes , les suppurations qui viennent d'être sommairement énumérées quelques lignes plus haut marquent la place d'une série intermédiaire qu'il est inutile , pour aujourd'hui , de déterminer plus rigoureusement, sous le double rapport des cas qui doivent y rentrer et du degré d'utilité que la solution iodurée peut y avoir.

Mais de quelle façon agit donc l'iodure de potassium ? J'ai déjà fait voir assez comment son action se rattache à une des variétés sans nombre de la médication substitutive. Je ne crois pas avoir à y revenir, non plus que sur ses propriétés antiseptiques , amplement mises en relief par l'évènement. Je reconnais néanmoins qu'en se préoccupant par trop de ce que, jusqu'à ce jour, on n'attend de ce sel d'autres services que ceux qu'il rend communément par l'intermédiaire de l'absorption intestinale — ou cutanée ?— on serait tenté de lui dénier les qualités propres à en faire un agent de substitution. Mais un pareil *à priori* ne saurait prévaloir contre la démonstration expérimentale que j'ai donnée, et il implique une conception par trop étroite de la méthode homœopathique pour que je veuille passer beaucoup de temps à le réfuter.

Rappelons, toutefois, pour les esprits qui répugnent à admettre le fait clinique brut et qui en exigent l'exhibition de titres généalogiques, que les vertus irritantes topiques de l'iodure de potassium ne sont pas chose absolument nouvelle, et qu'à chaque instant elles se trahissent, à l'encontre même des désirs du praticien, à la suite des frictions avec la pommade iodurée. Rappelons aussi, sans chercher nos preuves plus loin, que la facilité avec laquelle cette pommade s'altère par la formation d'acide iodhydrique révèle une tendance notable de l'iodure de potassium à se décomposer au contact des matières organiques, et nous serons bien près de trouver la clef d'une explication satisfaisante.

Il est hors de doute, en effet, que la solution saline tiède ; introduite dans une cavité morbide, ne tarde pas à en pénétrer les parois, sinon par absorption, au moins par simple imbibition. Jetée ainsi au milieu de l'équilibre instable qui est l'essence même de la chimie vivante, les affinités de ses éléments ne peuvent manquer d'être mises en jeu. C'est donc au sein même des tissus en proie au processus pyogénique que, les substances albuminoïdes s'emparant du potassium facilement oxydé, de l'iode se dégage et agit avec la puissance inhérente à l'état naissant. Il est vrai que tout cela se passe sans beaucoup de bruit ; mais, pour n'être pas accompagnée de l'espèce de traumatisme que l'on est trop habitué à regarder comme inséparable de la pratique substitutive, une action thérapeutique aussi directe, aussi intime que celle que j'analyse, peut cependant être irrésistible. Pour moi, je n'hésite pas à voir dans cette collision molécule à molécule entre l'iode — ou l'acide iodhydrique qui doit se former bientôt — et le fond de la trame organique une condition éminemment favorable à une modification formelle de cette dernière dans sa constitution et ses propriétés. C'est à cette condition aussi que je rapporte la possibilité d'intervenir efficacement avec des doses assez faibles pour qu'il ne s'ensuive aucune réaction perturbatrice , chose capitale lorsque des complications accusent hautement déjà le pouvoir réflexe ou simplement extensif de la lésion principale.

De ce travail et de celui qui l'a précédé , il est permis de conclure en résumé :

1º Que la solution tiède d'iodure de potassium au trentième ou au quinzième doit s'ajouter à la liste des liquides dont on se sert pour modifier la surface des foyers de suppuration rebelle ou grave ;

2º Qu'à en juger par les faits que j'ai observés, l'action de cette solution saline est essentiellement locale ;

3º Que l'absence de toute réaction par le fait de son emploi en recommande particulièrement l'usage pour les cas où une complication phlegmasique plus ou moins rapprochée impose une grande circonspection à l'endroit des moyens qui n'offrent pas le même avantage ;

4º Que, par la même raison, il y a lieu de lui donner la préférence lorsque, la suppuration se rattachant à un état secondaire, l'organisme est à la fois épuisé, très-irritable, et par suite très-accessible à d'autres maladies secondaires ;

5º Que le mode d'action spécial de la solution iodurée paraît dû à une double décomposition en vertu de laquelle de l'iode à l'état naissant est porté au contact des tissus dans leur profondeur la plus intime ;

6º Que si, en dehors des conditions que je viens de préciser, on peut attendre de bons offices de cette solution dans les grandes suppurations simples et primitives, les faits manquent, jusqu'à ce jour, pour établir dans quelle mesure on doit y compter;

7º Que, malgré le fait de M. Boccas et un de mes cas d'hydrocèle, elle ne semble pas pouvoir s'appliquer au traitement des collections séreuses, pour lesquelles les injections iodées conservent toute leur prééminence.

Reims, Imp. de P. Dubois, rue de l'Arbalète, 9.

9 782019 319731